LA CRISE ORIENTALE

1895-96

PAR

LE MAJOR OSMAN-BEY KIBRIZLI-ZADE

PHILIPPOPOLI

EN VENT CHEZ-GHENADIEFF

PRIX 1 FRANC

TOUT DROIT RESERVE

AVANT PROPOS

Un effendi, de la haute, volée disait ces derniers jours:

„Nous avons une épé d'un côté et une de l'autre; la Russie et l'Angleterre: tantôt c'est l'une, tantôt l'autre qui nous frappe".

C'est exaetement cela!!

En 1877-78 la Russie frappait tandisque l'Angleterre faisait mine de soutenir la Turquie. A present le tour est aux Anglais à frapper, pendant que les Russes jouent le rôle inverse.

Abdul-Hamid est pourtant sorti victorieux cette fois-ci. Il vient de nous prouver, que le m a l a d e peut ce passer du médecins: il les a fait éconduire.

LE MOUVEMENT APMENIEN

La diplomatie ne fait jamais rien pour rien;
c'est connu. A quoi visait-elle lorsqu'elle fit insérer
dans le traité de Berlin le nom, Arménie, disparu
dans les brouillards des siècles?

Ce n'était certes pas de philanthropie qu'il s'a-
gissait. „La question d'Orient va se clore par ce
„ même traité que nous sommes en train d'élaborer.
„ Une fois que nous n'aurons plus ni Turcs, ni Bul-
„ gares à faire rémuer, à quel jeu jouerons-nous
„ après?

„Si en Europe il ne restent plus d'éléments
„ de discorde, il faut bien attiser le feu dans la
„ Turquie d'Asie. Le carrousel s'ouvrira entre Arme-
„ niens, Kurdes et Turcs: et la question d'Orient res-
„ tera quand même allumée.

„Nos jeunes diplomates pourront faire carrière; et nos industriels, nos commerçants auront de quoi pas être trop mécontents".

Ainsi causaient au fumoir de Congrès certains diplomates.

C'est dans cet ésprit donc que ceux qui garantissent à la Turquie son intégrité — à la fin de chaque partage — poussèrent en avant le pion, Arménie, une vraie trouvaille. (*)

Ce pas en avant du pion ne devait laisser guère de doute sur les intentions des joueurs. Pourtant les délégués de la S. Porte au Congrès n'y comprirent rien.

Pour Sadullah et Mehmet-Ali ça passe: mais Karatheodori, ce diplomate doublè d'un savant, lui, au moins aurait dû avoir du flair!

„Arménie? ... qu'est-ce que c'est ça! La statistique officielle de l'empire ottoman ne connait point d'Arménie. Kurdistan c'est le nom de toute cette région. D'ailleurs, pour quoi exigez-vous des garanties spéciales pour les Arméniens, une fois que tous les cultes, toutes les nationaltés sont sous la garantie des traités en vigueur?"

Une telle déclaration venant de la part de

(*) Le nom Arménie ne figure dans aucun des traités survenus entre l'Empire Ottoman et la Chrétienté.

Karatheodori-Pacha aurait mis au mur L. L. E. E.: et la question d'Orient aurait été close et en Asie et en Europe. Dans le cas pourtant où le Congrès eut insisté, soutenant qu'il existe bien une Arménie historique et géographique, notre délégué leur aurait fait mat à l'aide de cette même histoire, dont ces excellences se targuent.

Si M. Karatheodori les a laissé faire, raison de plus pourque nous soulevions ici la controverse, en vue de faire connâitre les deux versions de la question. On a entendu les cloches arméniennes: qu'on écoute aussi celles des Turcs.

Dans notre ouvrage „Wild life among the Koords". (*) nous avons donné une déscription détaillée de cette région lointaine, que nous nommons Kurdistan et pas Arménie.

Et quelle est l'autorité sur la quelle nous nous sommes basé en agissant de la sorte? C'est l'autorité incontestable de Xenophon. En effet, son Anabassis est reconnue des tous comme etant l'oeuvre classique par excellence qui ait paru sur ces régions, jusqu'alors mystérieuses. Ceux qui les visitent aujourd'hui sont pris d'admiration en comparant ce qu'ils voient de leurs yeux avec la déscription précise,

---

(*) Publié chez Hurst et Blackett London. 1870.

sobre mais brillante que nous en fait le capitaine
des dix-mille.

Or, faisons tout d'abord observer que Xe
nophon appelle ce pays, les pays des Kardukis (*)
et pas des Arméniens. Donc en ce temps-là, 2,500
ans avant nous, il existait bien un Kurdistan, mais
pas une Arménie.

Dans l'Anabassis les Arméniens y sont men
tionnés; comme aussi les Caldéens: mais ces peuplades
restent dans l'arrière-plan, comme des figurants de
second ordre.

Et de nos jours c'est exactement la même
chose. Les Kurdes parcourent le pays en maîtres
tandisque les Arméniens et les Caldéens (les Nesto
riens d'aujourd'hui) se tiennent dans les villes e
dans le massif des montagnes.

Si de l'époque de Xenophon nous passons à
des dates plus rapprochées, nous retrouvons constam
ment les Kurdes, ou Parthes, à la tête, défendan
le sol natal et leur indépendance. Ce sont eux, e
pas les Arméniens, qui soutinrent les assauts répétés
des legions conduites par Crassus, par Trajan, par
Aurelien, et par Diocletien. Ainsi pendant des siecle
les Kurdes furent la terreur du Rome.

(*) Les Kardukis, les Krates des Arabes, les Parthes des Ro
mains, s'appelent eux-mêms Karthmenches.

Et les Arméniens que faisaient-ils pendant toute cette période ? Leur grand Tigrane jouait au roitelet à coté de Mithridate. Thiridate, Vartan, etc se mettaient sous la protection de l'etrangers pour se faire reconnâitre comme rois, en dépit des Kurdes leurs ennemis héréditaires.

Pendant le Bas-Empire les envoyés des rois d'Arménie faisaient la navette entre l'Ararat et la Corne d'Or, dans le seul but de passer comme les maîtres de la Transcaucasie. La conquête de Genghis d'abord, puis celle par les Turkmens, ont mis un terme à cette comédie.

Les Ottomans ne sont venus qu'après. C'est des dynasties turkmennes des Kara-Koïounlous et des Ak-Koïounlous qu'ils héritèrent de la domination sur ces contrées : pas des Arméniens ni des Kurdes directement ; mais en troisième main.

Ce fait a son importance : puisqu'il donne un démenti à cette lègende, qui représente les Turcs comm'étant les conquérants spoliateurs des droits de la nation arménienne.

LA GRANDE IDÉE

Que ce soit d'une façon, que ce soit d'une autre, aujourd'hui les Arméniens aussi affichent leur grande idée. C'est évidemment par contagion que ce phénomène s'est produit. N'est-ce pas fort naturel que voyant les Grecs, les Bulgares, les Serbes, etc. se soustraire l'un après l'autre à la domination ottomanne l'envie vienne aux Arméniens d'en faire autant.

Ceux-ci pourtant oublient une chose: c'est qu'aucune analogie n'existe entre leur cas et celui des autres nations.

Et voici en quoi consiste cette différenee.

1⁰ D'abord les trônes des nations précitées ont été renversés par les Ottomans: ce qui n'est pas le cas avec les Arméniens.

2⁰ Ces peuples une fois conquis, ils n'on

nullement abandonné leur patrie: ils y sont restés — majorités soumises à une minorité dominante.

3º Les Arméniens — une minorité ab initio dans leur propre pays — par leur émigration ont perdu tout droit à poser en race autoctone. Les Kurdes et aussi les Néstoriens n'ont-ils pas le droit de les apostropher dé la sort:

„Si ce pays était à Vous, pourquoi n'y êtes-
„vous pas restés? En votre absence nous avons
„défendu la patrie avec notre sang; nous l'avons
„fertilisé de la sueur de nos fronts: et à présent
„vous venez les poches pleines, plus une plume alla-
„yankee sur la casquette; et vous nous intimez —
„ce pays est à nous: nous devons y com-
„mander et vous devez nous servir!“

C'est trop fort: ça dépasse toute limite!

Comm' on voit aucune analogie n'existe entre les prétentions des Arméniens et les révendications des autres. Ces prétentions d'ailleurs révoltent quand on pense, que cette nation a été jusqu'ici la plus favorisée, celle que les autres sujets de la Porte avaient bien le droit d'envier. Non seulement on a laissé les Arméniens faire ce qu'ils veulent, pâitre là où il leur convient le mieux: mais on les a comblés de faveurs et d'honneurs.

Nubar-Pacha n'a-t-il pas été le maître de l'E-gypte?

A Constantinople, Agop, Artin, Daoud Franco n'ont-ils pas eu toutes sortes de portefeuilles de ministres? Serghis-Calfa n'a-t-il pas eu la construction d'innombrables palais et kiosques impériaux? Et ce drôle de Kietchéoglou, n'avait-il pas toutes les commandes du harem impérial? Les notes poivrées de cet industriel feraient rougir n'importe quelle modiste du Faubourg St Honoré.

Ajoutons qu'à l'heure qu'il est — même par ce temps de révolte — les bureaux de la Sub. Porte, les ambassades et les consulats sont comblés d'Arméniens.

Chaque pacha, chaque effendi de gros calibre a infailliblement un Arménien comme banquier, confident ou complice· Les bamboches aussi ils les font ensemble. Il en est de même de la fripouille des petits employés et du corps des officiers: tous se débattent dans les filets de ces inéxorables usuriers, qui peuvent contester le prix de vertu à n'importe quel Arton.

Cette cocagne, l'ère des Arméniens, date de l'insurréction grecque. Par dépit pour les Grecs, les Ottomans se jettérent dans les bras de l'E r m e n i, fidéle r a y a. Les voilà bien servis!

En soissante et dix ans les Arméniens ont complétement dévalisé la nation turque. Peu sont les maisons où l'on trouve encore quelque bibelot sur lequel le Mont-de-Piété veuille prêter vingt francs.

Aussi c'est bien avec notre argent, passé à la

banque d'Angleterre, que ces chers Arméniens nous ont improvisé une révolution toute chaude!

Les Grecs et les Bulgares l'ont faite au moins avec leur argent, noblement.

Ce que nous avançons au sujet de la façon toute exceptionnelle dont ont été traités les Arméniens est si vrai, que les plus chauvins entre eux n'osent formuler de plaintes contre les Turcs. Aussi se bornent-ils à se recrier contre ces affreux Kurdes qui les pillent et les massacrent.

Sait-on à quoi se réduisent ces hauts cris?

Les Arméniens, habiles commerçants — usuriers — siègent en maîtres aux marchés: là ils dressent leurs trappes aux Kurdes. Ceux-ci, une fois hors de la ville mettent le feu au champ du coupable, du Scheylok.

C'est le pendant de ce qui se passe entre le land-lord saxon et le paysan irlandais, qui serait bien aise d'employer lui aussi le boycotage à la kurde.

C'est à tort donc qu'on s'appitoie sur le sort des Arméniens : puisque ceux-ci trompent les Kurdes au marché, une fois par semaine — ce qui fait 52 fois dans le courant de l'année —: tandisque ces derniers n'ont recours aux répressailles que de temps à autre.

Aussi le bilan se solde-t-il toujours en actif pour l'Arménien. Notez que si le Kurde reculait devant les moyens héroïques, il lui arriverait ce qui arrive aux malheureux Géorgiens, que les Arméniens rongent à loisir depuis que le conquérant moscovite a passé le licou de la civilisation au cou des peuplades du Caucase. La belle et noble race Kartvel dépérit à vue d'œil au contact de l'Arménien,

Ceci se passe sous les yeux des Russes. qui pourtant sont impuissants a y porter remède.

Les affaires, comm'aussi l'administration sont tombées aux mains des Arméniens. Les Russes se contentent à trainer leurs sabres : et les Géorgiens se consolent en serrant une bouteille de K a h é t i n e d'une main et une jolie taille de l'autre.

De là le peu de sympathie des Russes pour la cause arménienne.

L'AGITATION

Que la grande idée soit passée du domaine des rèves à celui des réalités, c'est ce que les scènes sanglantes survenues à Sassoun, à Bitlis et enfin à Constantinople nous ont révelé d'une façon tout aussi imprevue que saisissante.

Cette insurréction a été précedée par une œuvre de propagande souterraine, qui date d'une trentaine d'années, pendant les quelles l'instruction a fait des progrès étonnants parmi les Arméniens.

Sous la haute* pression exercée par le clergé d'un côté, par les instituteurs et les publicistes de l'autre, les aspirations d'indépendance ont envahi la masse et l'ont chauffée jusqu'au diapson qui produit l'insurréction. Ce phénomène est tout naturel.

Se sachant plus instruits, se sentant plus riches

que leurs maîtres, le joug est devenu insupportable pour les Arméniens de Turquie. Quant à ceux éparpillés dans l'Inde, en Amerique et en Europe eux aussi ont donné avec ardeur dans la mélée, soutenant le mouvement de tous leurs moyens.

Faisons observer à cet egard qu'une entente complète existe entre toutes les branches de la famille arménienne. Grégoriens, Catholiques ou Protestants, tous visent le même but—la constitution d'une Arménie indépendante. Ce n'est que dans des questions de détail qu'il peut y avoir de dissentiment.

Un autre point sur lequel ils sont tous d'accord c'est — de ne pas se frotter contre les Russes; évidemment la Sibérie leur fait peur. Pour les Turcs c'est autre chose: avec eux on peut faire du patriotisme sans trop de risque.

Ici nous ne saurions assez prémunir nos compatriotes contre les dangers que présente la lutte corps à corps avec ce nouvel ennemi. Indépendamment de leur caractère retort, les Arméniens l'emportent sur deux points. D'abord ils ont l'avantage de parler turc aussi bien que nous, à s'y méprendre: tandisqu'aucun Turc n'a jamais pensé à apprendre l'arménien. Cet idiome est en effet trés désagréable à l'oreille et peu palatable.

Ensuite, pour s'entendre entre eux et pour diriger leur mouvement les Arméniens ont a leur disposition un instrument d'une simplicité et d'une perféction sans égal. C'est leur alphabet, qui reproduit à mérveille les sons de n'importe quelle langue.

Ainsi les livres et les journaux publiés en langue turque, mais en caractères arméniens, sont plus compréhensibles que ceux que l'on publie en caractères arabo-turcs.

De là l'énorme avantage que les Arméniens ont sur les Osmanlis, sous le rapport de la comptabilité et de l'administration; bref, dans la transmision de la parole, de la pensée.

En effet l'Arménien peut nous espionner à son aise; travesti il nous donne le change.

Preuves — Pendant les dernières émeutes l'on a vu des Arméniens, déguisés en Turcs, mettre le feu à leurs propres églises et maisons.

Le coup passait, comme de raison, sur le compte des Turcs.

Les journaux en ont parlé; l'on s'en souvient.

C'est à ces avantages sans doute qu'il faut attribuer l'extension du mouvement des bords de la Mediterranée à l'Ararat, un immense théâtre, où 800,000 Arméniens ont réussi à mettre le feu partout.

La plus grande difficulté qu'ait jusqu'ici rencontré le mouvement arménien c'est le choix d'un chef et d'une base d'opérations. Où trouver en effet au milieu d'un tas de boutiquiers et de portefaix l'homme providentiel dont le nom serve en guise de drapeau à la marche d'un peuple?

Il n'y avait que trois noms à soumettre au ballotage — Nubar, Lazaref et Loris-Melikof.

Le premier l'emportait: réfléxion faite, on dut pourtant l'écarter. Nubar à la tête de l'Egypte pouvait être beaucoup plus utile á la cause: on le pria donc de continuer à garder le masque.

D'ailleurs Nubar fait les affaires des Anglais en Egypte: tandisque eux-ci lui rendent la pareille en Arménie. C'est là un jeu combiné des plus habiles: et qui a parfaitement réussi. (*)

Lazareff, le général russe, a dans un temps réuni un grand nombre de votes. Mais, après la prise de Kars, il se vit supplanter par son rival Loris. Celui-ci coquettait déjà avec la grande idée: et s'il hésita à l'embrasser ouvertement, c'est qu'il se croyait appelé par la providence à dominer sur toutes les Russies.

Pour Loris-Melikof, dictateur, l'Arménie n'était qu'une quantité négligeable.

Mis à la porte, à la suite de la catastrophe du 1er Mars, Loris se livra âme et corps à la grande

---

(*) De retour de Londres (1887). Nubar prit la direction effective du mouvement —Le rideau une fois baissé sur les atrocités arméniennes, les Anglais ont lâché ce ministre, désormais inutile. Comme recompense pourtant on vient de lui octroyer le grand cordon de l'Etoile de l'Inde.

idée. Phtisique au dernier dégré, ses jours étaient comptés. Raison de plus, pensa-t-il, de les devouer à une oeuvre qui le dédommagerait des déboires subis en Russie.

Tout en crachant du sang, Loris prit donc sur lui de lancer le mouvement. A ses instructions il joignit un testament.— Comme vainqueur de Kars, (*) il se léguait en héros national : son corps serait inhumé au Caucase, sur terre arménienne : les générations futures viendraient retremper leur ardeur patriotique sur sa tombe ... Amen.

Peu avant sa mort, Loris convoqua un synédrion à Vevey, à l'Hôtel Monnet (Trois Couronnes). Nubar, Tigrane, Boghos, etc étaient de la partie (Septembre 1887).

Circonstance aggravante. Nubar, qui venait de Londres, s'y arrêta cinq jours.

C'est devant ce congrès intime que le héros fit connaître ses derniéres volontés. Tous après cela se débandèrent pour aller prendre leur place de bataille. C'est de lors que date la levée de bouclier— c'est à dire ; l'envoi d'agents provocateurs, d'armes ; bref, les séditions et les massacres.

——————>✠<——————

(*) Titre usurpré qu'on lui a fait cracher avant sa mort !

DISPOSITIONS POUR LA REVOLTE

Les cadres, les comités, etc. une fois organisés, il ne restait qu'a trouver une localité convenable, une base, d'où l'on pourrait aisement allumer le feu en Asie-Mineure. Leur Arménie étant loin dans l'intérieur, les agitateurs durent se rabattre sur la Cilicie. Là, en effet, il se trouve un petit noyau de trente mille Arméniens, perchés comme des hibous dans le massif rocailleux de Zeitoun, localité peu éloignée du golfe d'Alexandrette.

Il n'y avait qu'à relier ce point avec Chypre et le Caire et tout marcherait sur des roulettes!

Ainsi le comité central de Londres lance les grelots qui éclatent ensuite à Sassoun, Bitlis, Erzeroum, etc.

Le rôle principal, dans les opérations revient

à Chypre, d'où, en six heures, on atteint la côte d'en face. Aussi, Nicosie possède-t-elle un état-major anglo-armeno-lévantin au grand complet!

Et ces naïfs Héllènes qui crient aux Anglais:

„Cedez-nous Chypre, terre grecque! A quoi vous sert-elle?

Voilà à quoi elle a servi, à quoi elle sert et à quoi elle servira entre les mains de la diplomatie anglo-egyptienne: — à bouleverser l'Orient tout entier.

Si ce n'etait pas ainsi, pourquoi diable le trésor britannique se resignerait-t-il à boire chaque année un bouillon de 40,000 livres (un million de francs) le déficit que lui presente l'occupation de Chypre!

En soulevant ainsi la question arménienne, quel but poursuit-elle, cette perfide Albion?

Agacer, torturer Abdul Hamid, pourque celui-ci, à bout de patience et de moyens, retire sa main de l'Egypte, du Soudan, de toute la vallée du Nil. L'Afrique orientale, la Mer-rouge doivent être anglaises: et si le Chef des Croyants s'y oppose, qu'il soit écrasé, anéhanti!

„Arméniens, Macédoniens, Grecs, Arabes, tous ... sus à lui!

L'influence morale du Khalif est le seul obstacle qui reste à la formation de l'Empire d'Orient par les Anglais. De là leurs attaques impetueuses contre ce rocher inexpuguable: leurs intrigues avec la Jeune Turquie; le lancement à Londres de l'H u r i e t, journal turc révolutionnaire dirigé contre le Khalifat; la protection accordée à Mourad-bey, ce reformateur fantaisiste, etc, etc, etc; jusqu'à l'infini, d'une guerre au dernier sang.

PRETENTIONS ARMENIENNES

Afin d'ouvrir les yeux aux rèveurs de la grande idée, il est bon de leur montrer ici les obstacles à la formation d'une Arménie autonome. Il y en a de trois sortes.

1⁰ Arménie sans Arméniens;

2⁰ Préponderance des Kurdes;

3⁰ Obstacles géographiques et politiques.

„Arménie sans Arméniens" — sous ce rapport constatons d'abord, que la population de cette région se compose presqu'entièrement de femmes, dont les maris, frères, etc, s'absentent pendant neuf mois sur douze. Combien de fois ne nous est-il arrivé d'aborder un village, dont l'honneur et les biens étaient à la charge de quelques vieillards!

Et les autres types au masculin, où etaient-ils? A Trebizonde, à Smyrne à Stambol, etc en quête pour de l'argent- Par petites caravanes, ces gens partent et rentrent périodiquement, comme des cigognes.

Les Néstoriens et les Kurdes se joignent-ils à ces caravanes? Jamais!

Mais, on nous objectera, c'est justement parce qu'il n'y a point de gain ni de sécurité dans leur pays. que les Arméniens s'en vont. Qu'on leur rende leur pays; et vous verrez s'ils y restent,

Ces sortes d'expériences sont impossibles. D'ailleurs qu'on nous cite l'exemple d'une race vagabonde qui a finit par rentrer dans son pays d'origine.

Quelqu'un faisait observer à un Juif boulevardier, que le peuple élu devrait rentrer en Paléstine. Savez-vous la reponse qu'il en reçut?

„A t-on jamais vu qu'un fleuve remonte vers sa source!!"

De même que le fleuve israelite ne peut remonter en Paléstine, les Arméniens dispersés à Manchester, Birmingham, Londres, New-York, Bombay, Calcutta, Bagdad, etc; bref dans le monde entier ne reutrerons jamais dans leurs foyers.

Et puis, par quel procédé peut-on effecteur ce démmenagement colossal? Que M. Gladstone, veuille bien ressoudre le problème d'une façon pratique.

Nous nous en sommes incapable: vu que, pour ne parler que de la Turquie, dans chaque ville l'on trouve 40, 50, ou 100 maisons arméniennes Or, il faudrait d'abord leur appliquer le feu; et puis des zaptiés et de la cavelerie Kurde devraient les diriger sur leur patrie, les guidant à coups de matraks, tout comme ces bons paysans qui conduisent leurs oies!

Aux agitateurs et aux philanthropes anglais à s'écrier alors „On les tue! on les assomme! Pauvres Arméniens!"

Une statistique des Arméniens n'existe pas: en les fixant à deux millions on sera tant soit peu dans le vrai. Ce serait un vrai miracle, si l'on réussissait à en ramasser le tiers Mais alors, comment ériger un état autonome avec un faible million?

Notez, que les Kurdes comptent sept millions, éparpillés sur cette énorme zone qui s'étend d'Erivan à Suleimanié, prés de Bagdad.

Ceci établit notre deuxième point ou obstacle à la reconstitution d'une Arménie: c'est à dire, la préponderance des Kurdes. Comment s'y prendre pour faire entendre raison à ces têtes dures? Et s'ils se révoltent, comm'ils en ont parfaitement le droit, faut-il les exterminer?

Le comité londonien croit avoir trouvé la solution du problème par cette formule; — „Allons embêter les puissances; puis passons dans la chapelle „de M. Gladstone pour y prendre la très sainte „communion, et aussitôt, par miracle, la S. Porte se „verra forcée à expulser les Kurdes et à nous réintégrer dans notre royaume sur cette terre".

Réve! Illusion! Démence!

En admettant que les puissances souscrivent à cette proposition, le Sultan, lui, comment fera-t-il pour en venir à bout avec les Kurdes, les arrières petits-fils des Parthes?

Du moment où il s'agirait de leur faire mettre pied a terre, et d'installer l'Arménien sur la selle, tous les Kurdes brandiront leurs lances; et au cris sauvage — harro! harro! harro! ils fonderont sur les Arméniens et en feront une bouchée.

Et après? La troupe n'a qu'à courir la course au clocher. Et si les nomades s'amusent à faire le zig-zag entre la frontière turco-persanne? Alors les troupes impériales resteront avec tant de nez! Nous parlons ici en connaissance de cause, ayant joué à ce carrousel

3me Point. Obstacles géographiques et politiques.

L'histoire nous montre que, faute de frontières

naturelles, les Arméniens ont constamment été aux prises avec les Mèdes, les Perses, les Kurdes etc. Quel noeud gordien donc pour cette commission qui serait chargée d'improviser une nouvelle Arménie!

Est-ce le Taurus, ou l'anti-Taurus, ou bien le Kizil-Ermak qui lui serviront de limites au sud? Et au nord et à l'est ou ouest? Terra incognita!

Selon la „Novoe Vremia", les Arméniens se sont régalé une carte fantaisiste de leur Grande Arménie, dont les limites s'étendent de la Méditerrané au Don, Taganrok et Rostof y compris!!

Pour ma part, si j'étais Grand-Vézir, voici comment je m'y prenderais si l'on venait me proposer d'ériger une Arménie grande ou petite, n'importe les dimensions. Je ferais appeler les notables arméniens et je les inviterais à m'apporter trois exemplaires de leur fameuse carte murale.

De ces exemplaires, deux seraient sur le champ expédiés à S. M. l'Empereur de Russie et au Schah de Perse, avec cette petite note en marge. — „Si V. M. n'y voit d'inconvenient, on pourra conférer à cet égard" —.

L'on voit d'ici la mine des dits souverains à la vue de la carte de la grande Arménie. Une fin de non recevoir s'en suiverait: de même que si un plaisant proposait à l'Autriche, à la Russie et à l'Allemagne de remettre sur pieds la Pologne

En effet, pour contenter les Arméniens, la Perse doit leur céder Makou, Kotour, Khoï, Selmas, etc. La Russie doit repasser le Don. Tout cela doit être restitué à la Grande Nation avant que la Sublime Porte puisse prendre ses voeux en considération.

Après la terrible leçon qu'ils viennent de recevoir, il ne reste aux Arméniens qu'à se tenir tranquilles, ou bien s'expatrier, pour rejoindre leurs frères à l'étranger et les remércier du beau service qu'ils leur ont rendu. En tout cas, l'ère de cocagne en Turquie est à jamais close pour eux.

L'ORDRE REGNE EN ARMENIE

Un mouvement improvisé par des agitateurs ne peut être de longue durée. Les scènes sanglantes dont l'Asie-Mineure a été le théâtre le prouvent assez: après cinq ou six mois la flamme d'ésprit-de-vin s'est éteinte d'elle-même.

Zeitoun reste au dernier acte: ce volcan le voilà éteint aussi.

Le désarmement pur et simple des insurgés ne suffit point, à notre humble avis. C'est le cas de faire ce qu'ont fait les Russes en Circassie.

„Vous allez descendre dans la plaine; ou bien fichez-nous la paix d'ici".

Intimèrent aux montagnards les généraux russes: et l'émigration en masse des Tcherkess amena la pacification du Caucase.

Là il s'agissait de six-cents-mille âmes: à Zeitoun il ne s'agit que d'une trentaine de mille. Et il n'y a pas à reculer.

Des deux choses l'une: ou l'on reprend Chypre aux Anglais; ou bien les Arméniens de Zeitoun doivent descendre de leurs montagnes. En effet, tant que les Anglais restent là pour attiser le feu, inutile de compter sur la pacification de cette région. D'ailleurs les deux questions se tiennent.

Car, si les Arméniens vident la place, les Anglais de Chypre feront leurs malles aussi. Evidemment ça ne fait guère leur compte de supporter plus longtemps le déficit d'un million, pour ne rien faire.

En outre. l'éloignement des révoltés s'impose par raison d'état; et voici comment.

Les décocteurs de la grande idée ont donné au pays en question le nom de — petite Arménie —. Par cela ils étendent leurs révendications sur tout l'Asie-Mineure, qu'ils englobent ainsi adroitement entre les deux Arménies, la grande et la petite.

Or, quand il n'y aura plus d'Arméniens dans ces montagnes, toutes leurs prétentions s'évanouissent; cette région reste indiscutablement ce qu'elle a toujours été — la Cilicie —.

Cicéron, lui, fut proconsul de Cilicie: non pas de la petite Arménie, qui n'a jamais existé!

BILAN

Voici les bilans de l'actif et du passif à inscrire pour le compte de ceux qui ont fourré leur nez dans le guet-appens Anglo-turco-arménien.

ARMÉNIENS

PASSIF	ACTIF
50,000 massacrés, 100,000 expulsés, morts de faim. 50,000,000 frais et pertes.	Reformes, à l'eau-de-rose: Contrôle (plus de contrôleurs que de contrôlés).

TURCS

PASSIF	ACTIF
20,000,000 mobilisation, 20,000,000 intrigues diplomatiques, indemnités, etc. Irruption des sauterelles diplomatiques en Asie.	Abdul-Hamid, à lui seul tient tête à tous les diplomates de la chrétienté ; plus à leurs quarante cairassès. L'honneur Lui reste.

ANGLETERRE

PASSIF	ACTIF
4,000,000 intrigues courantes ; aumônes et pain aux victimes. Banqueroute du préstige britannique.	5, à 6 millions, vente d'armes et munitions aux insurgès Diversion en faveur de l'Egypte et du Nil. Pendant que tout le monde regarde du côté de l'Arménie, l'Anglais pousse en avant la ligne Mombassa-Ouganda, qui doit le rendre maître de toute la Vallée du Nil.

CONCLUSION

Il a fallut rien moins que ce bilan, qui se solde par des flots de sang, pour ouvrir enfin les yeux aux Arméniens. Dupes de la perfidie des étrangers, comm'aussi des tromperies de leurs propres chefs, ces malheureux ont brusquement tourné le dos aux uns et pris à partie les autres.

„Eh! Vous tous, précepteurs, journalistes, etc; „ qui vous vous êtes chargés d'éclairer nos faibles cer- „ veaux: nous sommes tous perdus!... le voyez-vous! „ A force de nous bourrer la tête avec la grande „ Arménie, ses rois et héros, vous nous avez fait „ rèver. Nous vous tenons responsables de notre ruine!".

Se tournant vers les pasteurs des âmes, les invectives de la foule éffarée redoublent:

„Eh! Vous autres qui dites être des ministres
„ de Dieu, vous aussi vous nous avez trompés!

„On nous traque comme des bêtes fauves!
„ votre Dieu, votre Christ. pourquoi restent ils sourds
„ à nos cris? Où sont-ils?

„Et nos frères chrétiens; pourquoi ne courent-
„ ils pas à notre secours? Ah, les gueux! Ils ont
„ plus peur des yatagans que nous! „.

De ces lamentations, de ces récriminations est
surgi la conversion en masse des Arméniens à l'Islam,
un phénomène autrement inexplicable.

Oui — qui sème le vent cueillit la
tempête—.

De même, les instigateurs de la révolte en
Arménie voient-ils maintenant le troupeau s'échapper
devant eux avec horreur, cherchant son salut dans
un autre bercail, par l'apostasie.

Cette solution, d'ailleurs, nous semble inélu-
ctable.

Ne pouvant se tenir debout à eux seuls; n'ayant derrière eux ni le Slavisme, ni l'Orthodoxie, sur
qui peuvent-ils se replier. les pauvres Arméniens?

Il y a quatre ans qu'un évêque arménien de
l'Asie-Mineure se fit musulman. Ce précurseur voyait
clair dans l'avenir: mais personne ne le comprit
alors

Fraterniser avec les Kurdes, les Turcs, etc,

c'est le seul parti qui reste aux Arméniens: et cela ne peut se faire que par l'adoption d'une foi commune.

Mgr Azarian, affolé, pousse les hauts cris: „Arrêtez mes brebis! arrêtez-les, pour l'amour de Dieu!... on les a terrorisées!"

Ah, le naïf pasteur! Pourquoi les a-t-il trompées, tout en les tondant?

Et maintenant qui peut les arrêter?

Elles ont levé la queue au vent.

Tableau...!

❊❊❊

EVENEMENTS DE BULGARIE

Simultanément aux éruptions du volcan d'Arménie, des secousses sismo-politiques ont été ressenties en Crète, en Macédoine et jusque dans l'Hidjas. Voici l'explication de ce phénomène.

Le trône d'Osman a servi jusqu'ici de pivot au système oriental. Les peuples qui s'en sont détachés cherchent à présent un nouveau point d'appui. De là l'agitation, les piétinements qui se manifestent partout en Orient.

Pour les Turcs, les Arabes, les Arméniens, et les autres asiatiques le lien islamite seul suffit. C'est sur celui-là qu'ils se rapprochent instinctivement.

La race héllènique compte sur son isolement géographique et sur son intangibilité classique.

Les Slaves s'efforcent à se rapprocher de leurs fréres du Nord : les Bulgares aussi se sentent attirès vers la masse slave-orthodoxe, l'empire des Czars.

Le petit doit s'abriter sous les ailes protectrices du fort. Cette vérité toute élémentaire a servi d'orientation à la politique inaugurée par le cabinet Stoïloff. Le baptême du Prince Boris en est la consécration.

Entre le courant central européen et le courant slavo-oriental il fallait choisir. Ferdinand de Cobourg s'est élancé résolûment dans ce dernier :

Que Dieu le protège !

Espérons que la réconciliation entre Russes et Bulgares sera pour tout de bon : qu'aucun nuage ne vienne à l'avenir en obscurcir l'harmonie.

Mais cela ne saurait être qu'a ces deux conditions :

D'abord, que les Russes prennent en considération, qu'un peuple qui vient de se reveiller, en a assez de six siècles de sommeil. Sa sève vigoureuse le rend rétif au mord.

Les Bulgares de leur côté doivent tenir compte

du fait, qu'une grande nation, tout autant qu'un grand seigneur, a ses caprices, qui résultent du sentiment de sa toute-puissance. Il faut s'y plier si l'on veut obtenir des nouvelles faveurs.

Si le culte du nom russe est obligatoire pour tout Bulgare: l'attachement envers la Turquie est un devoir, que le souci de l'avenir lui impose.

Ce n'est que d'Elle que les Bulgares peuvent obtenir quelque chose.

Abordez un des Scheyloks d'Occident:—„Pas un pouce de nos terres! pas une pierre de nos bicoques!"

Voilà ce qu'il vous lancera à la figure.

Abdul-Hamid, en vrai Osmanli, un jour vous cède une province, le lendemain un petit distcict, et ainsi de suite.

Qui sait où va s'arrêter sa générosité prévoyante, pondérée?

Pendant que nous nous chamaillons pour des bérats, des écoles, des comitas, etc; l'Asie et l'Afrique s'en vont.

Les loups égorgent les brebis musulmannes... O Padichah!

PHILIPPOPOLI

IMPRIMERIE COMMERCIALE

1896